AF554781

NÉCROLOGIE

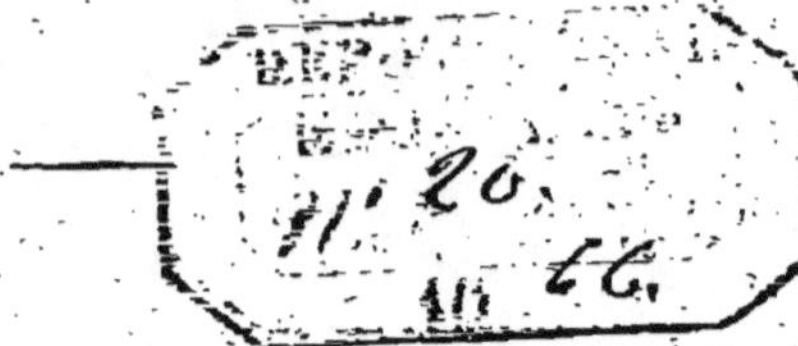

PAUL MARTHORY

AVOCAT

DÉCÉDÉ LE 16 AVRIL 1866

LE PUY
TYPOGRAPHIE MARCHESSOU
Boulevard Saint-Laurent, 23

1866

[illegible]

[illegible]

[illegible]

[illegible] sur l'imagination presque sauvage.

[illegible] de cette mort [illegible] qu'un sentiment unanime de vive et profonde tristesse se manifestait dans la ville entière [illegible]

[illegible]

NÉCROLOGIE

M. PAUL MARTHORY

La ville du Puy vient de faire une perte dont on peut déjà apprécier toute l'étendue par celle des immenses regrets qu'elle inspire.

M. Paul Marthory, avocat, ancien conseiller de préfecture, membre de la Société d'agriculture, etc., est décédé le lundi soir, 16 avril, âgé de moins de 52 ans, après une maladie déjà longue et souvent cruelle, dont il a supporté les souffrances avec un courage vraiment chrétien, avec une résignation presque souriante.

La nouvelle de cette mort était à peine connue qu'un sentiment unanime de vive et profonde douleur se manifestait dans la ville entière, prenant, pour ainsi parler, les proportions d'un deuil public.

Jeudi dernier, les devoirs suprêmes ont été rendus à l'homme de bien, dont l'éloge était dans toutes les bouches, dont le souvenir est dans tous les cœurs, et qu'un cortége exceptionnel a pieusement accompagné jusqu'à sa dernière demeure.

Des draps mortuaires étaient portés par des représentants de l'ordre des avocats, du Conseil de préfecture et de la Société d'agriculture.

Derrière les membres de la famille qui conduisaient le deuil, venait le barreau tout entier en robe; puis le tribunal également au complet, avec son président et le chef du parquet en tête; la Société d'agriculture et son bureau; enfin une foule immense où se confondaient, en nombre inusité, tous les rangs, toutes les professions.

Les deux discours prononcés au cimetière par M. Ernest Vissaguet, avocat, au nom du barreau; — par M. Ch. Calemard de La Fayette, président de la Société d'agriculture, au nom de ses collègues et des contemporains et amis du défunt, — suffisent à dire quels furent la vie, les talents, les vertus de M. Paul Marthory. Nous nous bornerons donc, en finissant, à consigner ici, à l'adresse de l'honorable famille si cruellement frappée, l'expression de la vive et profonde sympathie de tous, pour sa trop légitime douleur. P. M.

(Extrait de la *Haute-Loire* du 21 avril 1866.)

DISCOURS

PRONONCÉ

PAR M. ERNEST VISSAGUET

Avocat

Il y a quelques années à peine, une famille entourée de l'estime et de l'amitié de plusieurs générations, s'enorgueillissait de trois fils pleins d'espérance, dignes héritiers du nom vénéré de leur père; aujourd'hui cette tombe va se refermer sur le dernier survivant d'entre eux ; pour la troisième fois leur mère pleure un de ses enfants. Qui de nous ne sentirait que de telles douleurs ne veulent pas être consolées, et qu'aucune parole humaine ne saurait s'égaler à des coups aussi lamentables. Pour une autre famille cependant, qui fut aussi celle de Paul Marthory, pour le barreau, c'est un devoir d'adresser un dernier adieu au confrère bien-aimé, et de rendre un suprême hommage à des vertus dont il ne nous restera plus que le souvenir. Parmi les anciens de notre ordre, ceux qui ont assisté aux débuts de sa vie, ceux qui l'ont suivi dans le cours de sa carrière, vous diraient, mieux sans doute qu'un de ses plus jeunes confrères, comment il était parvenu, au palais et dans la cité, à cette haute position où la mort nous l'a pris ; nul, en s'acquittant du douloureux honneur qui m'est confié, ne le ferait d'un cœur plus pénétré de douleur et de respect.

Que dire d'ailleurs de Marthory que vous ne sachiez tous ? Ceux qui l'ont connu ou simplement approché ne savent-ils pas que l'étude, la pratique des devoirs, la famille et l'amitié se partagèrent son existence, et reste-t-il encore à vous faire connaître quelque qualité que vous n'ayez dès longtemps appris à honorer et à chérir ?

En arrivant au barreau, Marthory recueillait un périlleux héritage, et cependant il suffirait à l'éloge de sa mémoire de dire qu'il l'accepta de tous points, qu'il fit revivre et continua son père. — C'est par de fortes études qu'il s'était préparé à l'exercice de sa profession ; c'est à une science profonde, chaque jour accrue par de nouveaux et incessants travaux, qu'il dut bientôt la considération qui tout d'abord s'était attachée à son nom, et qu'il ne tarda pas à mériter personnellement. — S'il n'apportait pas à l'audience cette éloquence entraînante et brillante qui subjugue et séduit, sa parole honnête, sérieuse et convaincue, n'en exerçait pas moins une incontestable autorité; ceux qui l'entendaient, les magistrats auxquels il s'adressait, savaient tous quel soin consciencieux il avait apporté dans la préparation de ses affaires, et quels reproches il se fût adressé s'il eût pu craindre d'en avoir négligé le moindre détail.

Tel il était à l'audience, tel aussi dans son cabinet; là surtout se déployaient cet infatigable amour du travail, cette raison lumineuse et sûre, cette patience à toute épreuve; jamais aucun des nombreux clients qui venaient recourir à ses lumières, n'en sortit emportant un avis qui ne fût sagement et mûrement délibéré; jamais aucun qui n'eût été écouté jusqu'au bout, et qui ne pût dire en se retirant qu'il venait d'entendre le plus droit et le meilleur des hommes. C'est, en effet, grâce à son exquise bonté, sans faste et sans affectation, qu'il répandait autour de lui tant de charme et de séduction; simplicité et bonté, voilà ce qui faisait de Marthory un noble cœur et un grand esprit; jamais un mot blessant ne sortit à dessein de sa bouche; jamais il n'eût conçu même la pensée d'affliger et de froisser gratuitement qui que ce fût; qu'était-il donc vis-à-vis de ses confrères et de ses amis, et pourquoi faut-il que je doive ici, pour ma part, lui témoigner la gratitude dont m'avait pénétré son inépuisable amitié ?

Hélas! ce dévouement incessant, et pourtant si désintéressé, à une profession qu'il a tant aimée, même par delà le tombeau, ne l'a-t-il pas conduit à la mort avant l'heure, dans toute la maturité de son intelligence et de son talent ? Il vivrait peut-être encore sans cette indomptable ardeur qui le soutint jusqu'au dernier jour lorsque, déjà cruellement atteint, il se refusait une heure de repos. C'est que l'étude était vraiment sa vie ; c'est qu'il ne concevait rien de plus enviable que les pures jouissances de l'esprit, et que, fatigué par d'arides et difficiles travaux, c'est encore à l'étude qu'il demandait un délassement. Il fallait voir comme il se sentait pleinement vivre dans ce cabinet tout tapissé de livres, au milieu de cette bibliothèque, héritage pieusement conservé et chaque jour accru : les lettres, qu'il confondait dans le même amour que la science, il les chérissait avec une tendresse filiale et, permettez-moi de le dire, avec la candeur d'un enfant. Avec quelle effusion charmante il racontait ses lectures, avec quel sens critique, exquis et sûr, il savait faire partager ses admirations ; et quelle joyeuse ardeur à feuilleter un livre nouveau, quelle douce satisfaction à revenir vers ses chers trésors, ses vieux auteurs,en société desquels si longtemps il avait vécu.

Il n'a pas toujours voulu garder pour lui seul le fruit de ses travaux ; s'inspirant à la fois de son érudition et de son pieux amour pour son pays, il avait entrepris de raconter notre histoire judiciaire ; sa notice sur les Grands-Jours du Puy écrite, il le dit, avec la douce jouissance qui s'attache à l'accomplissement d'un devoir, n'était que le prélude de plus vastes études que la mort a laissées inachevées, et les institutions du Velay ne revivront jamais dans l'histoire sous une plume aussi sincère, aussi simplement éloquente.

Dans ses écrits comme dans sa conduite éclate encore un trait de son caractère, par lequel nous sommes fiers de dire qu'il nous appartient, et que je me reprocherais de taire aujourd'hui : c'est sa constance inébranlable dans les principes de justice et de liberté qui furent la foi de toute sa vie ; ce qu'il demandait au passé, il le dit, « c'est l'exemple de ce » que peuvent dans la poursuite d'un noble but le » courage et la persévérance. » La leçon qu'il retire de l'histoire, « c'est un amour plus vif et plus senti » pour ces grands et immortels principes, progrès » éternels de notre civilisation, l'égalité devant la loi, » la liberté des personnes et des consciences. »

Vous dirai-je aussi quelle était la sincérité et la profondeur de ses croyances chrétiennes, et ne savez-vous pas par quelles consolations la religion est venue adoucir ses cruelles souffrances et l'amertume des adieux suprêmes ?

Que manquait-il à cette vie si doucement remplie ? Il avait rencontré la compagne que la Providence lui avait vraiment destinée, tant tout était commun entre eux, tant leurs goûts, leurs croyances, leur foi, tout se trouvait pareil; autour d'eux grandissaient des enfants qu'ils aimaient comme s'ils leur eussent donné le jour. Aucun désir ambitieux ne venait troubler son cœur et l'arracher à ses chères études ; une fois cependant ses concitoyens, s'honorant par un tel choix, l'appelèrent au conseil de la ville ; à la même époque, en 1848, il accepta et garda quelques mois les fonctions de conseiller de préfecture ; mais, s'il les exerça, ce fut avec le même désintéressement que sa profession, et sans doute il m'est permis aujourd'hui de dire ici ce que sa modestie avait toujours caché, c'est que, chaque mois, son traitement était versé dans la caisse des pauvres.

Et maintenant, quand la tombe va se refermer sur sa dépouille mortelle, que ses concitoyens disent si personne fut, plus que lui, homme de bien. En le rendant à la terre, l'aurons-nous perdu tout entier ? Non, bien-aimé confrère, nous savons bien qu'ici n'est pas la meilleure partie de vous-même ; quand nous vous chercherons demain à cette place vide où nous aimions tant à vous voir, nous nous rappellerons que votre mémoire vit à jamais en nous, et nous conserverons pieusement l'exemple et la tradition de ce que vous futes parmi nous avant d'aller vous reposer dans la possession de l'éternelle vérité, de la souveraine justice que vous vous étiez sans cesse efforcé d'atteindre ici-bas.

DISCOURS

PRONONCÉ

PAR

M. CH. CALEMARD DE LA FAYETTE

Président de la Société d'agriculture du Puy.

Et moi aussi, Messieurs, je chercherais bien en vain à dissimuler l'émotion douloureuse et profonde que j'éprouve en approchant de cette tombe si prématurément ouverte, pour accomplir le pieux devoir qui m'a été confié, pour adresser à l'ami que tant d'amis pleurent, l'adieu, le suprême adieu, expression trop insuffisante d'impérissables regrets.

Ce que fut l'homme à part que ce cortége, que cette foule recueillie viennent d'accompagner jusqu'au champ du dernier repos, ce que fut Paul Marthory, tout le monde le sait, tous, vous le saviez, Messieurs; on vient de le rappeler avec des paroles émues, éloquentes, profondément justes ; et si vous admettez cependant que cela soit redit une dernière fois encore, c'est qu'il y a là un hommage légitime à rendre, une dette de justice à payer ; c'est que la vie qui vient de se clore fut un de ces exemples excellents et rares qu'on ne saurait trop placer en pleine lumière ; c'est qu'enfin, sur cette terre où nous foulons la cendre des morts, toute voix qui s'élève emprunte quelque autorité au voisinage austère des tombes, et que la bouche qui parle au milieu du silence des funérailles, ne saurait être suspecte d'avoir voulu mentir.

Pour moi, Messieurs, je sais bien que nul ne songera, fût-ce dans la plus secrète intimité de sa pensée, nul ne songera à discuter mes affirmations quand je dirai :

Celui que nous pleurons fut bon, généreux et droit entre tous. Cœur haut placé, noble intelligence, intelligence lumineuse et sereine, éclairée des vives clartés de l'étude et du savoir, Paul Marthory fut homme de bien par excellence. Il fit le bien assurément ; il rendit à beaucoup de nombreux, d'inappréciables services ; il fut un conseiller de probité, de loyauté, d'honneur pour quiconque eut recours à lui.

Mais ce qui est peut-être plus exceptionnel encore, ce qu'on pourra dire d'un bien petit nombre parmi ceux-là même que l'estime publique accompagne au tombeau, et qu'on loue le plus volontiers quand sonne, avec l'heure de la mort, celle de la véritable justice, ce qu'on peut surtout affirmer sans crainte d'être démenti, c'est que, nulle part, à personne et contre personne, il ne fit le mal.

Non, et j'en atteste ici tous les souvenirs, non jamais, sciemment, volontairement, injustement, celui qui n'est plus, celui qui vient de nous quitter pour fuir vers une patrie meilleure, n'a froissé, blessé, attristé, contristé, molesté personne. Et si j'avais l'inutile souci, la préoccupation bien oiseuse de prouver ce que j'avance, quel témoignage me ferait en ce moment défaut? Ah! les larmes qui coulent de vos yeux, le cri douloureux de l'opinion publique ont déjà parlé plus haut que ma voix, et ma voix n'est que leur écho obéissant et fidèle, quand je répète ici :

Paul Marthory ne fut pas seulement un honnête homme, ce fut l'honnête homme.

Il ne fut pas seulement un cœur plein de droiture, il fut la droiture elle-même.

Qui de nous, en deux mots, en connut, en aima un plus loyal, un plus digne, un meilleur?

Aussi quel vide la perte d'un tel homme ne fait-elle pas, et dans la famille si irréparablement frappée, si cruellement inconsolable, et parmi les contemporains, parmi ces amis de l'enfance ou de la première jeunesse, phalange déjà bien amoindrie, bien cruellement entamée! Quel vide encore au sein du groupe professionnel, au sein de ce barreau qui, au moment où j'exprime à mon tour ses regrets, me permet sans doute de me rappeler que j'ai eu l'honneur de figurer dans ses rangs! Quel vide enfin dans cette Société académique, que je représente plus particulièrement ici! Je dirai plus, Messieurs : quel vide dans la cité elle-même, dans le pays lui-même!...

Et pour comprendre qu'il en soit ainsi, il suffit sans doute de jeter un rapide coup d'œil sur cette existence qui désormais n'est plus qu'un souvenir, mais un souvenir pour longtemps bien vivant au fond de nos cœurs.

Paul Marthory est né, au milieu de nous, d'une de ces honorables familles dont les services ont leur trace dans nos annales, et qu'un pur patriotisme, un amour généreux de la cité anima toujours.

On ne saurait, en parlant de notre ami, ne pas faire un retour vers la pensée de son digne père, tant il semble que les vertus de l'un n'aient été que la continuation et comme la filiation impérieuse, obligatoire, des vertus de l'autre.

Après avoir fait au collége du Puy des études marquées par de brillants et solides succès, Paul Marthory apporta dans l'étude du droit l'application judicieuse et la ferme intelligence qu'il devait consacrer plus tard à l'exercice assidu de sa profession.

Ayant enfin pris place dans les rangs de ce barreau du Puy, où tant d'honneur et de lumières sont une tradition sans interrègne, il fut bien vite apprécié de ses confrères, non moins que d'une clientèle chaque jour de plus en plus nombreuse, sûre qu'était celle-ci de trouver auprès de lui cette honnête inspiration, ce conseil intègre de l'avocat pour qui son ministère est une véritable magistrature, presque un sacerdoce.

C'est ainsi, nous l'avons déjà dit, qu'il fut plus qu'estimé, plus que considéré, qu'il fut aimé et respecté.

Lorsque les circonstances semblèrent un jour lui imposer le fardeau d'une participation à la vie publique, il ne crut pas devoir refuser son concours à la tentative consciencieuse d'un ordre de choses nouveau, qu'il ne jugeait pas incompatible avec un sage progrès et une modération bienfaisante. Là comme partout, Marthory ne pouvait pas ne pas être à la hauteur de toutes les tâches ; et il lui était réservé de recueillir et de garder, jusque sur le terrain ardu de la politique, l'estime et la considération de ceux mêmes qui eussent été le plus complètement en dissidence avec lui.

Je dois le suivre maintenant dans un milieu où il m'appartient plus directement peut-être de lui rendre toute justice, et d'offrir à sa mémoire, au nom de mes collègues, l'hommage sincère qui partout et toujours lui fut si parfaitement dû. Membre de la Société d'agriculture, et déjà l'un de nos vétérans, il nous avait apporté, dès son apparition parmi nous, le concours le plus sympathique, la collaboration la plus justement appréciée, un dévouement éclairé, cordial, assidu.

Certainement, à ceux qui n'ont pas eu l'avantage de pénétrer dans l'intimité de cette haute et droite intelligence, il fut peut-être permis d'ignorer une partie de sa supériorité ; mais il reste heureusement dans les Annales de la Société quelques travaux de Paul Marthory, bien trop rares, il est vrai, où il sera néanmoins toujours facile d'aller rechercher les traces d'un mérite exceptionnel et admirer, sous une forme sobre, concise, distinguée, dans un style du français le meilleur, un patriotisme ardent et pur, un sens historique, un acquis, un amour de la vérité et des recherches qui y conduisent, qui seront rarement égalés.

La Société, elle aussi, comme la famille, comme le barreau, comme la cité elle-même, fait donc, je le répète, une perte que nous ne verrons pas réparée.

Mais après avoir esquissé de la sorte, d'une manière rapide, l'homme public et l'homme d'étude dans l'action extérieure, il faut bien en arriver, malgré une émotion que tout le monde comprend, il faut en arriver pourtant à dire un mot de ce que fut Paul Marthory dans le sein de la famille.

Ici je rencontre des douleurs si vives, si justes, si sacrées, que j'hésiterais presque à soulever, même discrètement et d'une main délicate, le voile de deuil qui les couvre.

Comment cependant ne pas dire qu'assis au foyer domestique, dans cette paix modeste qui lui fut si chère, Paul Marthory, auprès de la vénérable mère qui le pleure aujourd'hui, possédait aussi l'épouse digne de lui, la femme selon son cœur, avec laquelle il pouvait partager toutes les joies de son intelligence et toutes les émotions de sa belle âme. C'est là, au milieu des siens, au milieu de cette double famille dont il était le noble chef, qu'il faut renoncer à montrer le vide irréparable que peut faire la mort.

Mais quels que soient du moins le deuil immense et les douleurs profondes dont je parle avec un respect attendri, il reste, qu'il me soit permis de le dire, il reste encore ici la grande consolation, la seule consolation dont la pierre qui retombe sur un cercueil ne brise pas les ailes, et qui va plus haut que la terre !

Après une vie si uniformément utile, si uniformément belle, où chaque jour suffisait sans effort à son œuvre de devoir, d'honnêteté, de vertu ; après cette vie trop courte, mais déjà pleine par la continuité du bien accompli, Paul Marthory avait, on peut le dire, gagné son droit à une belle mort.

Depuis bien des années déjà, concentrant toutes les forces de son intelligence sur le mystère immortel des destinées de l'homme, sur ces graves problèmes des fins dernières, auprès desquels, pour le penseur digne de ce nom, toute autre préoccupation paraît, un jour, bien secondaire, avec ce désintéressement absolu et cette clairvoyante impartialité qui sont la joie et la récompense d'une vie d'études sereines et consciencieuses, il avait trouvé les conclusions définitives de sa méditation.

Pleine de l'amour généreux du vrai, du juste et du bien, cette âme s'était reposée dans la sécurité sacrée des certitudes religieuses. Et l'homme excellent que nous pleurons eut le bonheur, qui lui était bien dû, le bonheur de comprendre, d'aimer, de croire.

Il comprit, il aima l'Evangile. Il vécut et il est mort chrétien.

C'est ainsi, Messieurs, et les siens ont du moins la joie douloureuse, l'ineffable consolation de garder ce souvenir présent à jamais, c'est ainsi que Paul Marthory, en face de l'agonie, n'a connu ni l'horreur ni l'angoisse; il accueillit la mort comme une messagère de paix et d'espérance.

Il croyait fermement au port invisible et divin : il a touché le port ; et de quoi, dès lors, faudrait-il tant le plaindre ? Celles qu'il faut plaindre, Messieurs, ce sont celles qui lui survivent ; et encore doivent-elles ne pas oublier qu'à l'heure où l'on étouffait les sanglots, c'est lui, c'est celui qui est parti, qui réconforta ceux qu'il allait attendre dans une patrie meilleure ; c'est lui qui, avec l'autorité de sa haute intelligence, sur cette couche mortuaire où la famille, l'amitié, la science lui prodiguaient tant de soins affectueux et dévoués, à l'heure où l'âme, prête à fuir, entrevoit déjà d'autres clartés que celles de la terre, du doigt leur a montré le ciel ; c'est lui qui leur a dit non pas seulement adieu, mais au revoir en Dieu !

Et quant à nous, Messieurs, en adressant à ce cercueil notre dernier salut, nous redirons encore à notre ami, souffrez que je lui dise en votre nom à tous :

Paul Marthory, tu fus bon, loyal, inoffensif, éclairé des plus pures lumières, bon entre les meilleurs, droit entre les plus droits. Ton pays, qui a connu ton prix, se souviendra longtemps ; les amis ne t'oublieront jamais !

Le Puy, typ. Marchessou.

www.ingramcontent.com/pod-product-compliance
Lightning Source LLC
LaVergne TN
LVHW020458230826
846091LV00008BA/3266